用對的方法充實自己，
讓人生變得更美好！

凱信企管

用對的方法充實自己，
讓人生變得更美好！

一切都會好起來！

讓人豁然開朗的91個方法

自序

在生活中，我們遇見許多人，經歷過許多事情，在交會過程中多少都會在心裡留下漣漪，如果沒有隨手記下，那些感觸很快就隨風而逝，了無痕跡；但是若能記錄下來，那些隻字片語，就成為生命中永誌不忘的印記。

當然，在手機時代，很多人會以口述或以電子訊號來歸檔，但是我還是喜歡用筆，寫在真正的紙上，留在真真實實的筆記本裡。

因為像情感思緒這麼抽象縹緲的事，有個較實體的東西來留存或許是必要的吧！比起手機，雖然麻煩些，但是筆記本上也許有汗漬，也許有淚痕，也許字跡潦草斑駁，但那是有生命的。

而且，手機雖然方便又快速，但也因為產生太快，就像螢幕閃現的訊號，在落鍵之前，未經醞釀，成形之後，不加珍惜，因為不滿意，彈指之間便可刪除，連痕跡都找不到。

從小至今，我仍維持著用紙筆書寫的習慣，而且多年來，每當生活中不經意地從報章雜誌、書本或電影，甚至與朋友的閒聊當中，看到或聽到精彩的對話或句子，就會抄寫在筆記本上。

學生時代每個學期開始也會在發下新的教科書時，在扉頁空白處，從筆記本挑選一些名言佳句，也就是那個階段內心最有感觸的話語，抄錄下來當作座右銘。

其實所謂「座右銘」通常就是我們做不到的事，但是我們卻心嚮往之，也願意努力朝它前進。

這些名言佳句不見得是道貌岸然的格言或八股教條，許多是有趣的，或者曾經深深感動我，讓我有共鳴的話語。這些句子讓我在困頓沮喪時重新振奮起來，也在我得意忘形時，拉我一把。使我在人生路上得以用較清醒而且有覺知的方式觀察自己，就像您將在這本筆記本記下觀察自己的點點滴滴一樣。

這本筆記本附有九十一則我喜歡的名言佳句以及我對這句子的迴想，同時搭配九十一幅相片，這些相片大多是我和雙胞胎女兒在旅遊途中拍下，古人說「觸景生情」，在生命每個交會時，只要我們真心對待，每個相遇時刻，都會是神聖的時刻。

用這些圖與短文與您分享，祝福您在這一年時時時刻刻都有豐富美好的心情。

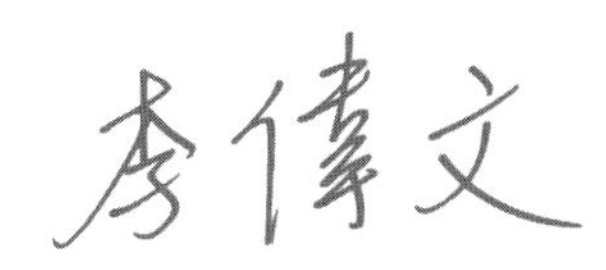

轉個念，隨時來點正能量

心願與貪求

法鼓山聖嚴法師說：「人是要來還願的，不是要來還債的。債還完了就沒有意義，但是還願是一願又一願。」

欲望是人之所以痛苦的來源，但人又是追求意義的動物，所以渴望找一個目標去追求。那麼，心願與貪求有何不同？

求是自我的需求，為了一己之私；而願是利益他人。或者，一個是精神，另一個是物質，大概是「求」與「願」之所以不同的核心差別吧？

受苦靈魂的呼喊

詩人布雷克寫：「還要更多！還要更多！這是受苦靈魂的呼喊！」

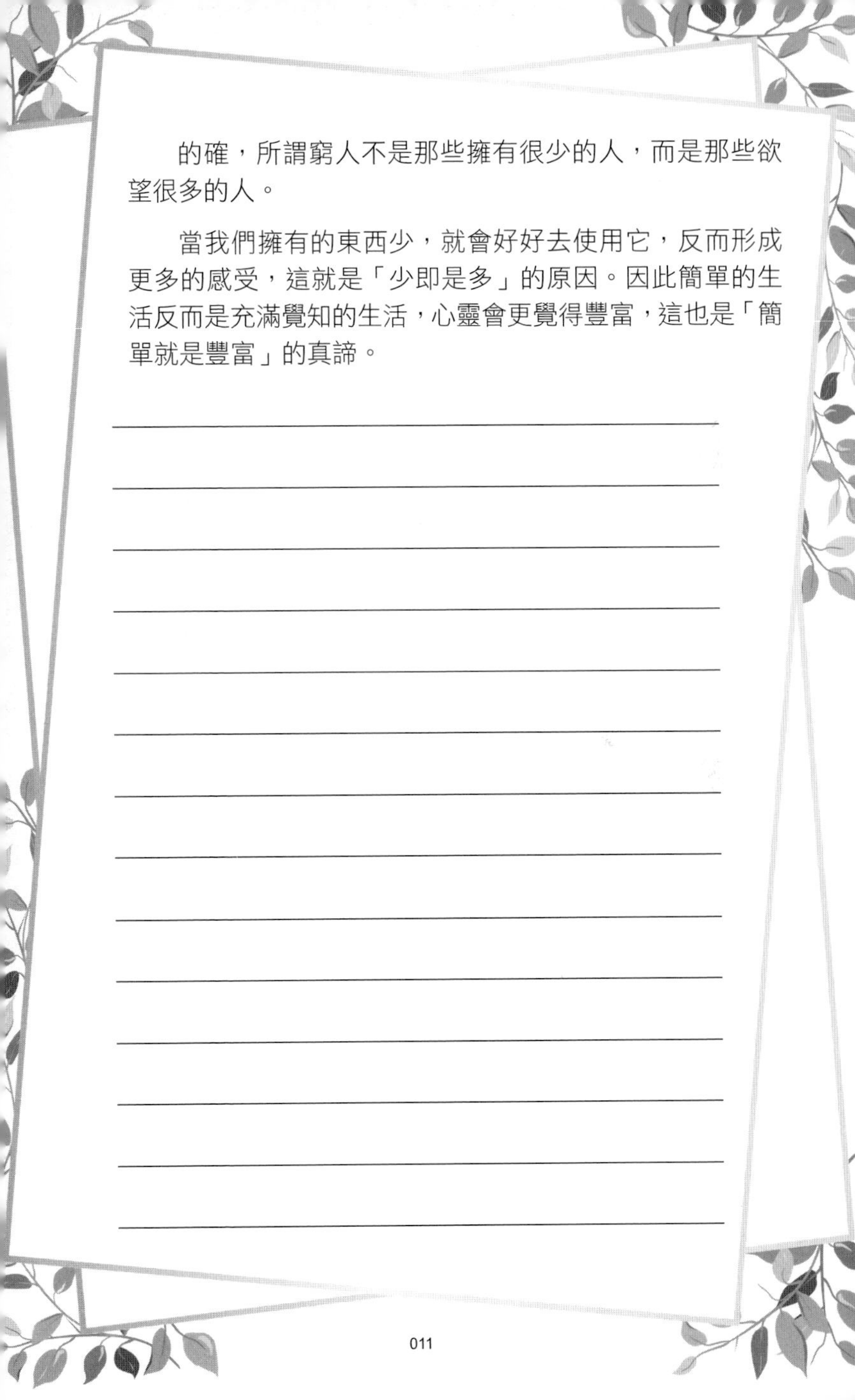

的確，所謂窮人不是那些擁有很少的人，而是那些欲望很多的人。

當我們擁有的東西少，就會好好去使用它，反而形成更多的感受，這就是「少即是多」的原因。因此簡單的生活反而是充滿覺知的生活，心靈會更覺得豐富，這也是「簡單就是豐富」的真諦。

我玩故我在

古希臘大哲學家柏拉圖說：「過生活最好的方式是活得像是玩遊戲一樣。」因為他認為純粹的嬉戲裡蘊含著神性。

現代人都不玩也不懂得玩了，因為太務實太功利了，連工作之餘的休閒也變成集點以供炫耀的勞務。

心理學大師榮格說：「深刻的玩樂具有心靈療癒的力量。」因為玩樂可以抹除時間給我們的壓力，達到忘我的境界，反而能感覺到真正的存在。

蘇格拉底或豬

英國哲學家彌爾曾提問：「你願意做一個痛苦的蘇格拉底，還是做一隻快樂的豬？」

在滿懷理想的年少時，當然毫不猶豫的選擇蘇格拉底，但是隨著世事洞明，歷經滄桑之後，眾人不免走向那隻快樂的豬。

記得真正重要的事

美國波士頓精釀啤酒公司的格言：「重要的事就是把重要的事保持為重要的事。」

這句看似廢話的話，其實是非常重要的提醒，因為人們常常沒有實際去做自己真正在乎的事。

有意義的人生並不是要什麼都獲得，而是懂得放棄，要捨得抗拒旁枝細節及其他不相干的誘惑。

享受孤獨

哲學家康德說：「我是孤獨的，我是自由的，我就是自己的帝王。」

孤獨是必要的，因為孤獨可以使生命恢復完整，可以回到自我的根源，求得身心安頓。

印度的經典《奧義書》就明白的規定，每個男人，在達到一定的人生階段後，就應該拋棄家庭和財物，遁隱到森林裡去。因為隱士般的孤獨生活是成熟階段的人所應該選擇的生活。

因緣流轉

佛教禪宗六祖慧能說：「此心本淨，無可取捨，各自努力，隨緣好去。」

在因緣流轉中，將每一次的會見與分離，都當作是生命中絕無僅有的唯一相會。

了解每次的相遇，也許就是彼此生命中唯一的一次錯身，我們不再遺憾，不是因為獲得更多，而是懂得不再強求，也懂了每一次的因緣，都是生命裡美麗的流轉。

當心願成真時

當今世界僅存的遊牧民族貝都因人有句諺語：「當心你所渴望的東西，因為你總會得到它。」

德國作家歌德也講過類似的話：「年輕時許願要小心，因為你的願望會在中年實現。」

難道心願成真不好嗎？或許如同愛爾蘭劇作家王爾德說的：「世界上只有兩種悲劇，一是得不到你想要的；一是得到了，結果卻糟糕透頂。」

是的，年輕時無法體會生命中真正重要的事，很容易陷入美國自然作家梭羅說的：「我們花了大半輩子釣魚，結果發現我們要的根本就不是魚。」

早來與晚走

作家唐諾說：「為什麼會隨著自己的老去，愈發的容易想起童年，想起我們最初的時光，只因那些最早來的，總是最後一個走。」

說得真好——最早來的，總是最後一個走。

法文對鄉愁的解釋，是對已逝的美好事物的眷戀，不是真的想念特定地方，反而是懷想一種氛圍，一種境界。總覺得若是對這種境界愈少想起，表示我們性情愈見冷酷了。

如果陽光不再普照

寫過《愛心樹》這本書的藝術家薛爾席維坦曾寫過一首歌《爸爸，假如》，歌詞中孩子詢問父親：「如果陽光不再普照，世界會怎樣⋯⋯」

透過父親一層一層答覆，最後唱到結論：「如果你希望這個世界繼續下去，你最好還是開始繼續愛我！」的確，愛讓我們這個世界繼續下去，愛也讓我們的人生得以繼續下去。

環境與人

范仲淹在岳陽樓記中寫：「不以物喜，不為己悲。」其實要做到如此境界非常難。

如同建築大師萊特所說：「人塑造環境，環境塑造人。」

這是指雖然人可以選擇住在什麼環境或有能力改變環境，但人一旦住進那個環境，不知不覺地，那個環境就會回過來影響到人的行為與性格。因此必須慎選我們所處的環境，或有覺知地省察自己，才不必被周遭環境給左右。

最好的年齡

作家沈從文曾寫過一段非常動人的話形容情人的相遇：「我行過許多地方的橋，看過許多次數的雲，喝過許多種類的酒，卻只愛過一個正當最好年齡的人。」

是啊！相遇的年齡就是最好的年齡，不管年紀多大或想做什麼事，每個年齡都是最適當的年齡。因此，幸福何處尋？什麼是最好的時刻？就是現在。什麼是最好的地方？就是這個地方。

令人無法抗拒

引領近代流行品牌的傳奇人物香奈兒說：「二十歲你要漂亮；四十歲你要有魅力；四十歲以後你要令人無法抗拒。」

在透過化妝服飾或整形來追求美貌的今日，這句話引人深思。

漂亮是天生，魅力雖然抽象，但可以藉由熱情與自信來達成；令人無法抗拒就是一種無法言傳的修鍊，或許是來自於一輩子忠於自我，活出精彩人生後，散發出的無形吸引力吧！

貴族與流浪漢

推理小說家克莉絲蒂曾寫：「能夠完全不管別人看法的，大概只有貴族與流浪漢。」

電影《第凡內早餐》裡奧黛莉赫本說：「如果能夠一直被當成瘋子，是件相當方便的事。」

說得真好，雖然一般人做不到那麼純粹的目中無人，但是，時時刻刻依據別人的眼光過日子是失去生命熱情的開始，不斷與別人比較更是痛苦的根源。

善用時間

詩人威廉考柏說：「真正快樂的來源，是為了某種我們看重的意義而花費我們的時間，我們的生命。」這些事也許是我們的夢想，也許是陪伴我們深愛的人。

現代人盼望能善加利用時間，所以習於一心多用，總是同時處理很多事。其實所完成的零星小事，只是創造出有效率的假象，當我們每天被這些說不清楚的雜事占據，反而會令我們沮喪。

最浪費時間的事

蘋果電腦創辦人賈伯斯說：「你們的時間有限，所以不要浪費時間活在別人的生活裡。」

賈伯斯他提醒大家要正視死亡，因為意識到終究會來到的死亡，我們才會把時間花在最重要的事物上。

我們真的不必那麼在乎別人的眼光，不必因為別人的看法而困住自己，失去盡情揮灑的勇氣。我們覺得尷尬的事，事實上根本沒有人在意，也沒有礙著我們，一切都是自尋煩惱。

傲慢的寬恕

靈修大師克里希納穆提說：「當你發現自己在寬恕別人時，已經有罪了；當你刻意去愛，你的愛就是一種暴力。」

當我們一再提起對方的過錯，再說我原諒你，那不是真正的原諒。

當擁有權力者以傲慢的態度主持公道，以優越的自我去原諒別人，而非用心去體會別人內心的困境與創傷，這種傲慢的寬容無法真正解決問題。

秩序與混亂

忘了是誰說的：「有些人過著有秩序的生活，那是種能力；也有些人過著混亂的生活，那是種活力。」

其實不管是秩序或混亂，只要每天能過得開開心心的，就會是美好的人生。

開開心心其實是種很認真的生活態度，認真與努力不同，認真是活在當下，面對當下的機緣；而努力則感覺有點勉強，似乎追求著不屬於自己的事物。

人生的目標

喜劇演員金凱瑞說：「我認為每個人都應該嘗試有錢或有名的滋味，這樣他們就會瞭解自己的目標或願望，通常不是幸福人生的解答。」

或許就像文學家王爾德說的：「世界上只有兩種悲劇：一種是得不到你想要的；一種是得到了，結果卻糟糕透頂。」幸福人生不是什麼偉大目標組成的，而是來自小小的事物，如微笑、慈愛，以及經常的付出。

成功人生的標準

從小參加童子軍，團長提醒我們，只要做到三件事就是成功的露營：「吃得飽、睡得好、玩得痛快。」其實不只露營，一趟生命之旅也可用此標準來檢視。

是否成大功立大業，不見得人人有那份機運可以達成，但是只要我們在生活中始終維持著玩得很痛快、活得興高采烈的態度，就是一趟不虛此行的生命之旅。

多重的職涯人生

希臘哲學家亞里斯多德說：「我們的才能與世界的需求交會之處，就是我們的天職所在。」

亞里斯多德這一句話說得有理，但要找到符合自己專長又有意義的工作並不容易。

每個人都有許多面向，也可說擁有許多自我，在漫漫人生中不斷開發也不斷改變，因此或許可以發掘出「多重自我」，同時找出各種可能適合自己不同面向的職業，反而比較容易。

一事能狂便少年

年輕時，曾刻了一方印章，擺在案頭：「亦狹亦狂亦溫文，有書有劍有肝膽。」是的，人不痴狂枉少年，雖然如今已過中年，只好改成「一事能狂便少年」！

一生過去，留下來的只有回憶。生命要活得豐富精彩，並不是賺多少錢，有什麼功成名就，而是一種不後悔的人生，一種淋漓盡致全然展現熱情的人生。

做事與做人

作家李敖說：「得罪別人常常不能做事，但得罪自己往往不能做人。」

體會這句話，讓我們在被周遭的人事物搞得心神不寧時，得以堅持做自己。有人比喻在十個和我們有關係的人當中，不管我們做了什麼，一定有一兩個人絕對支持，有一兩個怎麼就是看不順眼，其他人則是不太在乎。因此，不必討好別人而得罪自己，在做事與做人之間，我選擇做人。

節省時間

「小王子」書中提到：「你為你的玫瑰所花的時間，使你的玫瑰變得重要。」

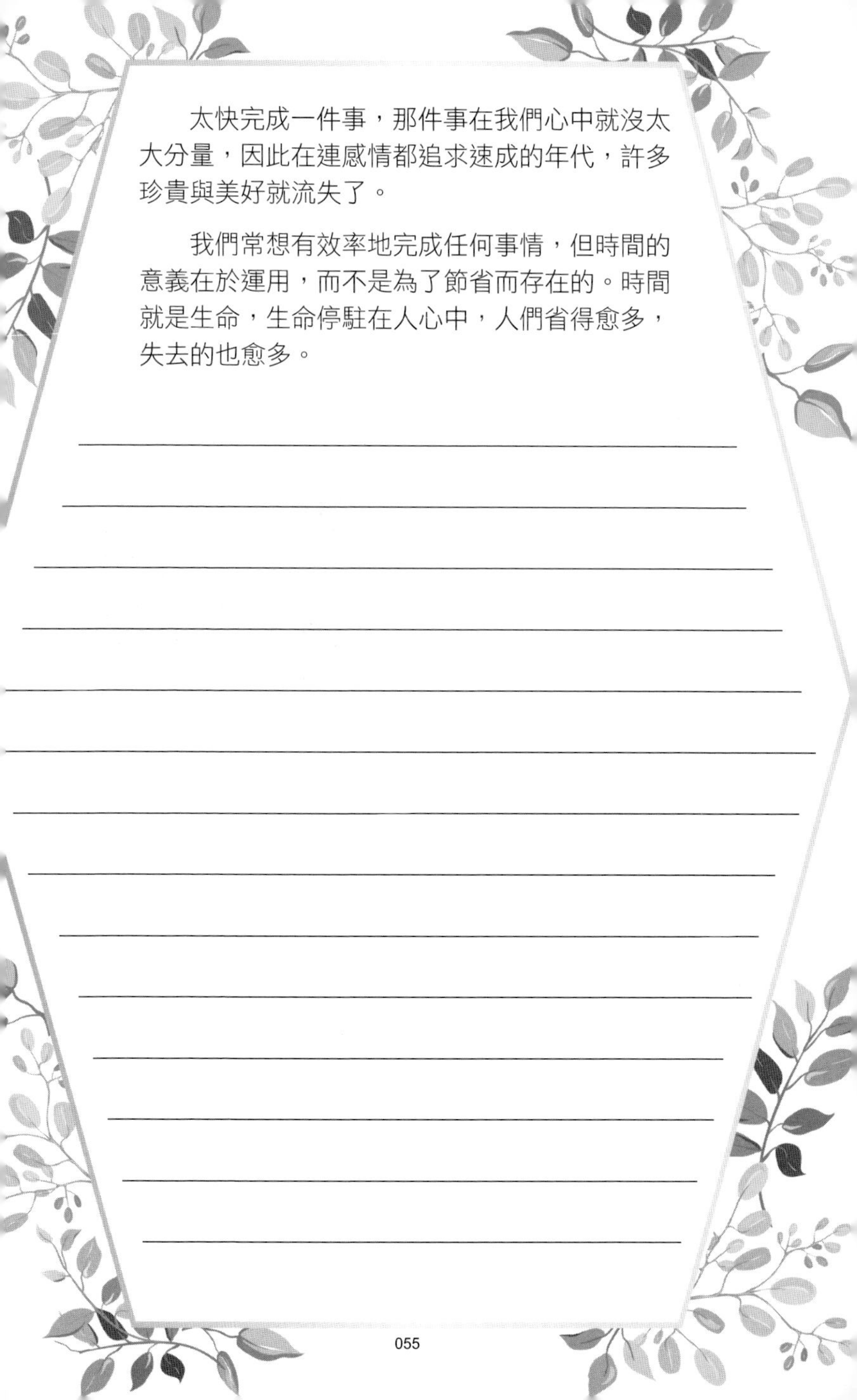

太快完成一件事，那件事在我們心中就沒太大分量，因此在連感情都追求速成的年代，許多珍貴與美好就流失了。

我們常想有效率地完成任何事情，但時間的意義在於運用，而不是為了節省而存在的。時間就是生命，生命停駐在人心中，人們省得愈多，失去的也愈多。

學生與老師

不知誰說的名言：「當學生準備好了，老師就出現。」這個準備，或許就是佛陀說的「遇緣則有師」裡的緣分吧？

生命的種種學習，關鍵不在是否遇見明師，而是我們有沒有準備好。當我們永遠保持著好奇、謙虛、求知若渴的心態，出現在我們眼前的萬事萬物，都可能成為改變我們生命的老師。

日本的傻瓜會

日本有位知名企業家發起一個「傻瓜會」，鼓勵在會中提出夢想的人，不論是什麼樣的夢想：「如果是你，一定辦得到的！」

這個由日本知名企業家發起的「傻瓜會」，規定所有參加團體的人都不能否定別人的夢想，即使聽到誇張得違背常理的夢想，也要鼓勵提出夢想的人。

他們認為幸運的人，身邊會聚集幸運的人；而不幸的人則會引來同樣不幸的人，因此隨時保持「歡欣雀躍，興奮期待」的心情，是心想事成的關鍵。

心靈之眼

《小王子》書中提到：「真正重要的事，常常是肉眼所不能察覺的，你必須用心靈之眼去感覺。」

「看見」本身是必須經由學習的，不是有眼睛就能看見。

或許，我們還要學習看見事物的價值而非價格，學習穿透職務頭銜的表像來理解個人的本質，去「看見」那些被我們忽略而沒有看見的事物。

對自己叛逆

藝術大師文生梵谷說：「倘若你聽到心裡有聲音在說你不能畫畫，那麼，你就想盡辦法作畫，隨後那個聲音將會沉默。」

作畫可以替換成任何我們想學的事物，當我們心中湧現突如其來的熱情時，理智往往會以種種藉口反對，但是唯有跟隨著內心微弱的聲音走，才會讓我們活出屬於自己的樣子。

如法國作家雨果說的：「沒有任何事物比適時出現的念頭更有力量！」成為我們自己想成為的人，永遠都不會太遲。

好人與壞人

武則天的侄子武三思曾講過一句令人驚悚的名言：「對我好的人就是好人，對我壞的人就是壞人。」或許這是我們拉幫結派，建立屬於「自己人」的小圈圈的緣故。

其實與其浪費時間打入小圈圈，建立關係，不如把時間花在充實自己，透過能力讓別人需要我們而不是包容我們，也就是不必強求別人喜歡自己，但要能讓別人尊敬。

照顧未來的自己

作家馬奎斯在小說中藉著老人之口說：「我現在完全曉得自己內臟的位置與形狀了。」波赫士也寫：「光是一次牙痛就足以讓人否定上帝的存在。」

我們在身體健康時，不易體會可以跑可以跳是多麼大的幸福！所以，要多體貼善待老人家，每個人都會老，現在好好照顧長輩，就是照顧未來的自己。

快速流行的時代

有位廣告人曾感慨：「這是個還沒流行就已過時的年代。」

的確，全新產品若在開發或生產線耽擱了幾個月，往往在沒上市就慘遭淘汰的命運。

多長時間算長？多短時間算短？在醫院開刀房流傳一句名言：「你只有三分鐘，所以要慢慢來。」專注且靜下心，才能改變對時間的感受，甚至改變時間的流速。

感動與青春

有位日本作家出的書，書名叫做《一生感動，一生青春》；我非常喜歡這句話，因為我一直喜歡容易感動的人，周遭許多朋友也都是容易感動的人。

「一生感動」，這個「生」可以當作名詞。倘若一輩子保持容易感動的心靈，那麼一輩子都能如同青春年少般美好；或者，這個「生」也可以當作動詞，只要何時我們「產生」了感動之心，那個時刻就能「產生」如青春般的光芒。

夢與現實

義大利導演費里尼說：「夢比現實還真實。」

的確，對許多相信夢境的人來說，夢裡發生的事情，可以左右他們的現實世界；也就是說，我們願意相信的世界，就是真實世界。

我們總是期待世界上有個理性或客觀存在的事實，因此有「真理愈辯愈明」這句名言，但可惜的是，雖然大家處在同一世界，每個人看到或感受到的事實都完全不同。

如果人生可以重來

法國小說家莫泊桑曾寫：「人生不像你所想的那樣好；也不像你所想的那樣壞。」

你是否曾自問：「若是生命可以重來，我會做同樣的選擇嗎？」

當有一天，走完人生路途，我們是否能夠站在上蒼面前這樣說：「我曾愛過，曾關懷過，我認真的生活，沒有白白的來世上一遭。」

煩惱生菩提

佛教常提到三苦：「愛別離苦、怨憎會苦、求不得苦。」

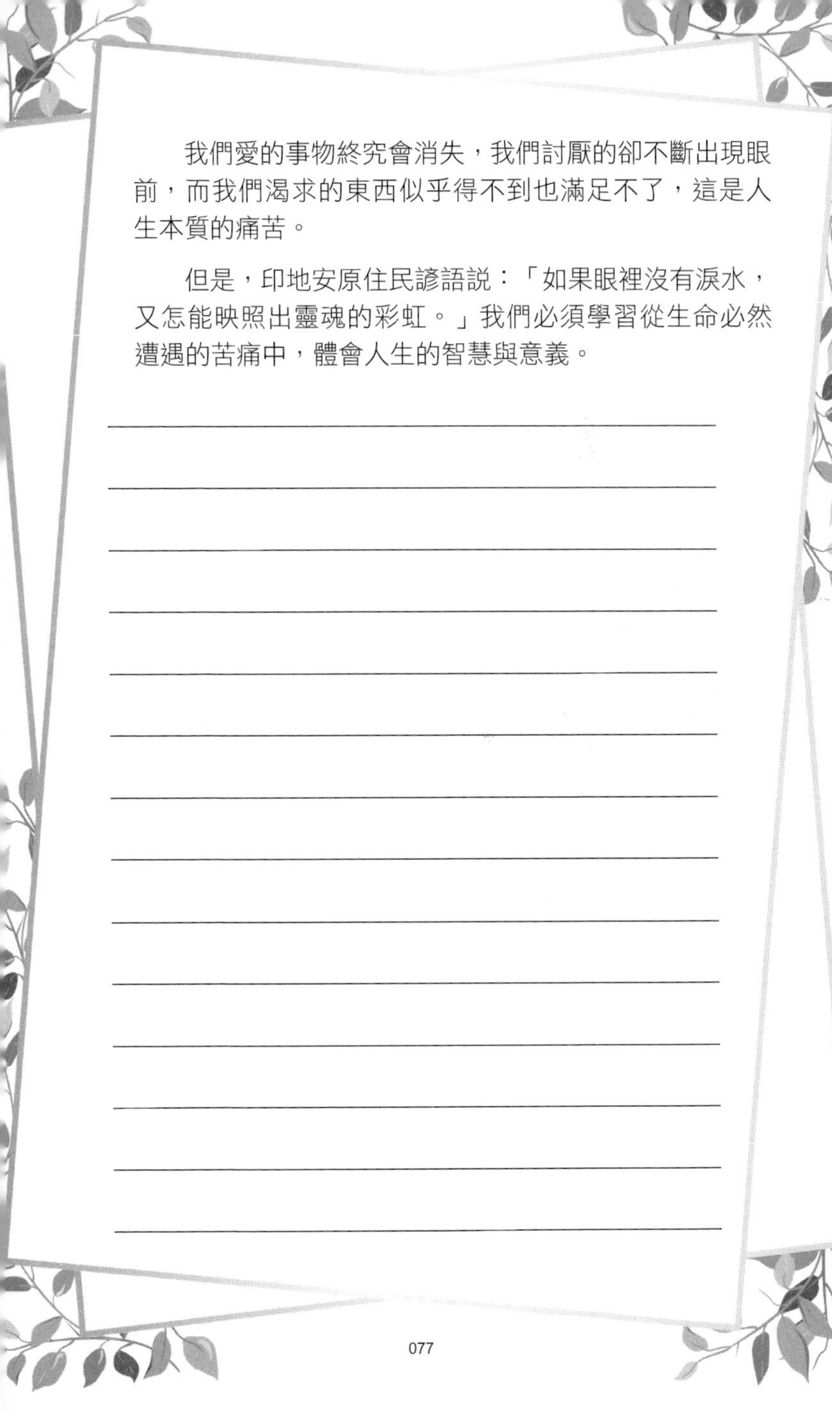

我們愛的事物終究會消失，我們討厭的卻不斷出現眼前，而我們渴求的東西似乎得不到也滿足不了，這是人生本質的痛苦。

但是，印地安原住民諺語說：「如果眼裡沒有淚水，又怎能映照出靈魂的彩虹。」我們必須學習從生命必然遭遇的苦痛中，體會人生的智慧與意義。

愛人的能力

詩人隱地說：「一個過分忙碌的人會喪失愛別人的能力。」

忙碌工作時，我們的世界只有業務往來的客戶及同事，即使不是充滿功利計算，也很難有機會練習愛的能力。

慢下腳步，我們才能夠真正看見生活裡的點點滴滴，我們的家人，我們的朋友，我們的同事……讓自己的心更貼近我們關心也關心我們的人。

久別重逢

釋迦牟尼佛曾經說過一句很浪漫的話：「世間所有的相遇，都是久別重逢。」

的確，在這麼浩瀚的宇宙，以及漫長的時間中，能在這一刻剎那間交會及相遇的一切事物，都必須累積許多過往的緣分才能成就此等機緣。

年歲漸長才體會到，許多現在覺得微不足道的小事、習以為常的事物，在以後回想起來，都是難得的福分與珍貴的緣分。

理想的城市

作家普魯斯特希望居住的地方是：「住在所愛的人附近，有迷人的自然景致，許多書和音樂，離劇院不遠。」

詩人波赫士的要求比較簡單：「想像天堂是圖書館的形狀。」

至於我想像的幸福空間是一個人與人親切友善，文化多元，生活步調較慢的地方；這個城市也應該是個文化空間，能夠留下過去的歷史，讓我們的記憶得以延續。

煩死與累死

蘇格蘭有句諺語：「辛勤工作絕不會致人於死，人們只會死於厭煩、心理衝突和疾病。」

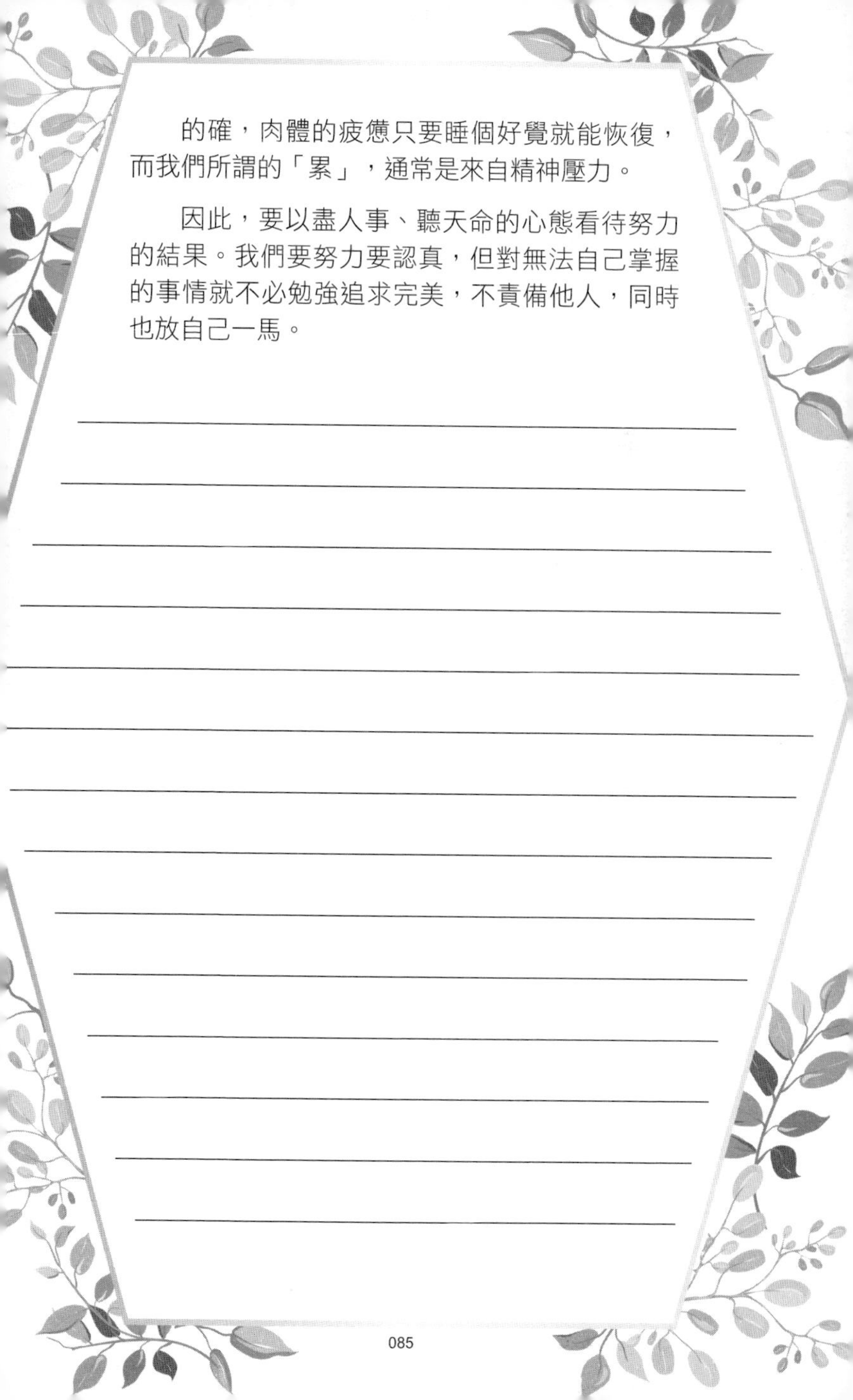

的確，肉體的疲憊只要睡個好覺就能恢復，而我們所謂的「累」，通常是來自精神壓力。

因此，要以盡人事、聽天命的心態看待努力的結果。我們要努力要認真，但對無法自己掌握的事情就不必勉強追求完美，不責備他人，同時也放自己一馬。

隱形斗篷

作家史蒂芬金形容閱讀：「書是一種獨一無二的可攜帶的魔術，像是隨身攜帶一扇從現實中解脫的逃生門。」打開書本就遠離當下，進入另一個世界。

閱讀是種享受，是哈利波特的隱形斗篷，讓我們得以暫時與令人煩躁、挫折的現實社會隔離開，喘口氣，振作精神，然後再與這個世界繼續搏鬥。

此日中流自在行

朱熹在《觀書有感》詩中寫道：「昨夜江邊春水生，艨艟巨艦一毛輕。向來枉費推移力，此日中流自在行。」

其實不只是閱讀歷程的進展是如此，歷史的迂迴與發展也是如此。

許多現在視為理所當然的事，過去都曾歷經多少人拋頭顱、灑熱血的付出與等待，形成足夠的春水，到了某一天，該來的就會來。因此，對現在的努力也可寬心以待，不必強求當下就有成效。

不要論斷自己

名著《大亨小傳》一開頭就寫著：「不要妄下判斷，就代表有無窮的希望，我害怕當自己隨意判斷別人時，會錯過很多美好的事物。」

評斷別人，會錯失美好的事物；論斷自己，會錯失精彩人生。

有人認為能力個性是與生俱來，無法改變；也有人認為只要花功夫學習就會有收穫，即使失敗也能學到東西。不要論斷自己是如何的人，才能活出不自我設限的人生。

戰士的行動

《深夜加油站遇見蘇格拉底》電影這麼提醒：「戰士採取行動，傻瓜只做反應。」

在生活的各個層面永遠要記得，不論在精神或行動上，都要採取主動。

比如，與其被動等朋友找我們去吃飯，不如創造一些跟朋友共同完成的行動計畫；讀書看文章是屬於被動認知，但是能夠寫出心得感想跟別人分享討論，就變成主動學習。

尋找風格

曾有人問電影攝影大師李屏賓有關拍片的風格，他楞了一下，說出一句經典名言：「風格是那些沒有風格的人才要擔心的事情！」

很多人追逐流行或刻意特立獨行，想建立自己的風格，其實若是我們有自己的信念，生命中有真正重要的追求，就不會在乎別人的看法及自己是不是跟得上潮流。自己的本質如實的呈現就是令人欣賞的風格。

把時間還給自己

印度國父甘地說：「生命中還有比增加速度更重要的事。」

一個人運用時間的習慣，就是他的生活方式，也形成他生命的內涵。

時間就是生命，因此要常提醒自己，如何使用寶貴的時間過自己想要的生活；把時間還給自己，給時間一點時間，那麼時間也會回報我們豐富的生命感受。

白色謊言

法國導演嘉賓曾說：「如果每個人都只說實話，這世界瞬間就變成地獄。」

在真實世界中，永遠說實話的人所到之處會造成一堆衝突，引起許多不必要的災難。

同樣意思，只要說的方式不同，帶給別人的感受也會天差地別。有太多白目的人，自以為是說實話道德高尚的人，其實大多是不能體諒別人的冷血動物罷了。

生命的課題

心理學家馬斯洛說：「死亡和它終將現身的可能性，使得愛，熱情的愛成為可能。」

在這匆匆的一生中，死亡逼使得我們面對，究竟什麼是我們最在乎的？

面對必然的死亡，人必須思考，存在是否有任何意義？如同柏拉圖說：「哲學便是死亡的練習。」這是人終須面對的人生課題。

與陽光有約

作家蔣勳曾說：「從叫囂的聲音中出走，從憤怒的人群中出走，走向一片寬和平坦的心境中去。」

說走就走，是人生中最華麗的奢侈，也是最耀眼的自由。

哲學家桑坦耶納有天正在哈佛大學教課，見到溫潤的夕陽斜照入課堂，於是扔掉手中粉筆，說了句：「我與陽光有約。」隨即轉身步出教室，放棄終生職教授，從此悠遊於世。多麼令人羨慕的出走啊！

真正會做的事

海洋學家蘇達貞說：「明天要做的事，其實是你一輩子都不會做的事，只有今天做的事，才是真正會做的事。」

想做的事就立刻去做，否則即便以後真的也去做了，滋味與感覺也沒有現在好。

其實對於人生也是如此，我們常常會希望明天更好，但其實今天就是最好的，而明天未必屬於我們，所以對於今天的一切際遇，就感恩地接納吧！

一滴水的責任

面對複雜且龐大的世界，個人的力量似乎微不足道。但是保育領袖珍古德說：「我們每一個都重要，我們每一個都扮演著角色，我們每一個足以締造不同。」

面對大海，一滴水是那麼微不足道，可是整個海洋不就是這些微不足道的水滴集合起來的嗎？因此，每一滴水都有它的責任，每個水滴的貢獻都有意義。

時代的傳奇

著名舞蹈家瑪莎葛蘭姆曾說：「一個人應該成為其所處時代的傳奇。」

傳奇不是大人物才有的成就，每個人都可以寫下自己的傳奇。

只要心中有夢想，依循著夢想前進，就能為世界增添一些光彩。有夢想，眼睛才會閃閃發光，才會充滿熱情，那麼即使遇到困境與挫折，還是能站起來繼續前進。

自得其樂

作家伊曼紐說：「真正的你，在努力碰觸不到的地方，等候著你。」

慧海禪師也說：「追求，你將喪失；不追求，你就能得到。停止，它就在這裡；跑，它就不存在任何地方。」

我喜歡這種隨緣而自得其樂的人。我們不再期待他人或改變他人，不再惶然以別人眼光左右自己的選擇，也因不再強求，而時時刻刻處在喜悅中。

比自己更大的生命

詩人佛洛斯特說：「我們必須願意鬆手放開計畫的人生，才能進入正等著我們的人生。」

當我們不再事事規劃，才能有無限發揮的可能。

給生命本身的神祕留點空間，不再過依計畫的生活，那些乍看無所事事的空白，但生命全新的可能才得以在其間滋長。生命是變得比自己更大，成為自己能成為的一切，而這必然會是超越自己原先的規劃與想像的。

永不退休的人生

《高年級實習生》電影中退休後再就業的班說：「音樂家不會退休，直到心中沒有音樂才會停止，我心中還有音樂，這點無庸置疑。」

　　這裡的「音樂」，也就是每個人心中對某件事的熱情，或者可以為之奉獻心力的理想，找到之後，一輩子就能活得興高采烈，永不退休。

簡單的快樂

作家張讓說：「晚飯後去逛書店、喝咖啡，這是可以無限重複的簡單快樂。」

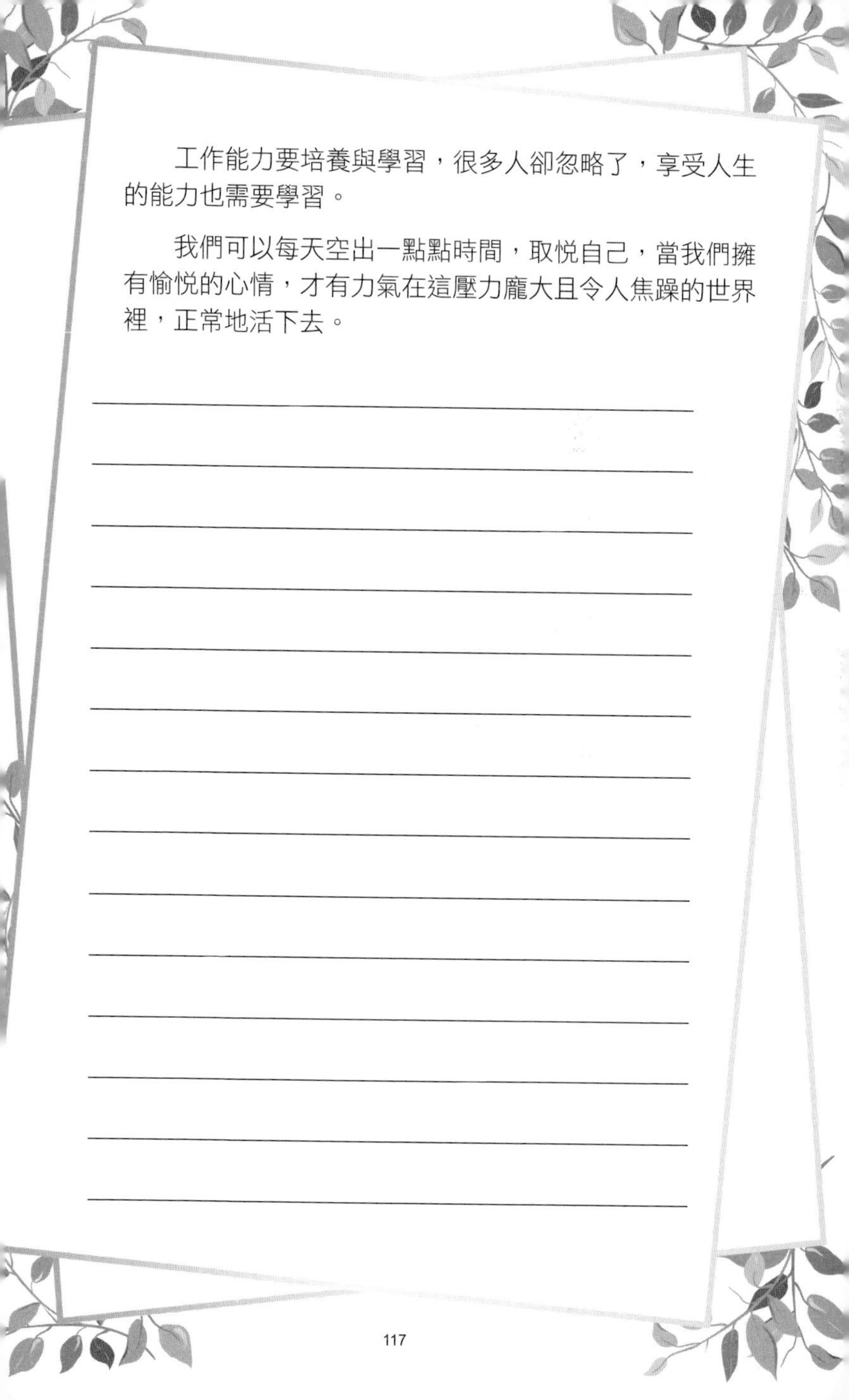

工作能力要培養與學習，很多人卻忽略了，享受人生的能力也需要學習。

我們可以每天空出一點點時間，取悅自己，當我們擁有愉悅的心情，才有力氣在這壓力龐大且令人焦躁的世界裡，正常地活下去。

最有價值的事物

宗教學大師摩爾說：「人生最有價值的事物，在於感受人與人之間的愛與藝術，以及自然之美的藝術型態。」

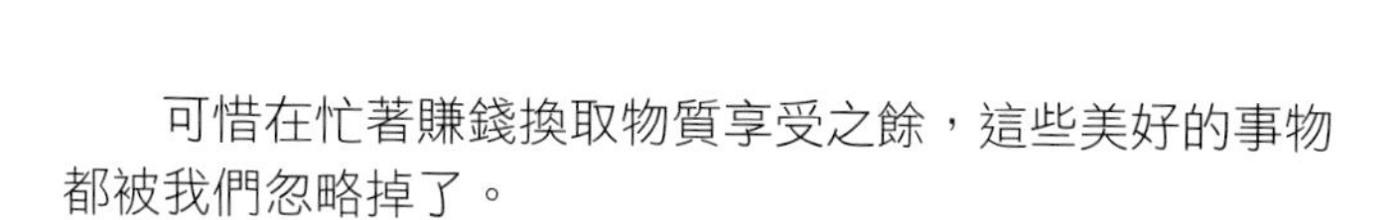

可惜在忙著賺錢換取物質享受之餘，這些美好的事物都被我們忽略掉了。

我懷念那個物資匱乏，但人情卻濃厚的時代；我也喜歡春耕、夏耘、秋收、冬藏，四季輪迴的節奏，看著花開花落，寒來暑往，大自然生命流動的律韻。

文字書寫

英國作家吳爾芙說：「一切都不曾發生，直到它被描述。」

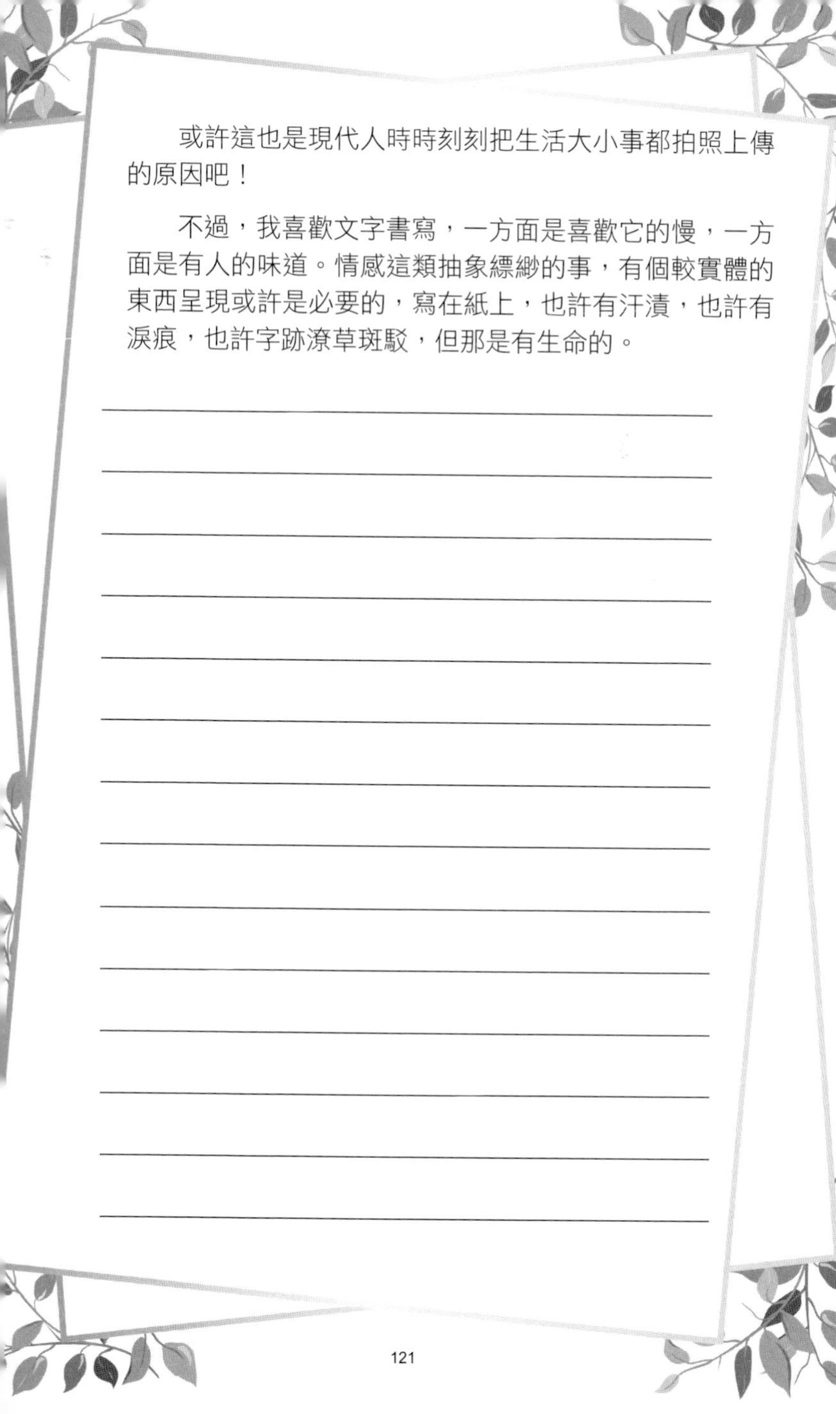

或許這也是現代人時時刻刻把生活大小事都拍照上傳的原因吧！

不過，我喜歡文字書寫，一方面是喜歡它的慢，一方面是有人的味道。情感這類抽象縹緲的事，有個較實體的東西呈現或許是必要的，寫在紙上，也許有汗漬，也許有淚痕，也許字跡潦草斑駁，但那是有生命的。

人人有怪癖

作家沈從文說：「一個人如果無所傾心，那就不太像一個人了！」

「傾心」就是一個人熱情之所在，往往指的是投注絕大精力在別人不屑一顧的事物上。

我多年來的體會——人人有怪癖，有些是外顯，美其名是為風格，更多的是不足為外人所道的。只要這種特殊興趣不影響到他人，它可讓我們放輕鬆，對人不至於太酸腐尖刻，也就是像個正常人。

見一次是一次

企管顧問詹炳發說：「老朋友見一次是一次，不要以為大家都年輕，不要以為交通往來很方便，要知道世事無常。」

我們總是以為，昨天如此，今天如此，明天也一定繼續如此。然而，就會有這麼一次，在我們轉身的一剎那，有些事情就不一樣了。因為體會生命的無常，令我更珍惜當下的每個時刻，當下的每個因緣聚合。

半半歌

清朝李密菴的半半歌裡唱道：「看破浮生過半，半之受用無邊。半中歲月儘幽閒，半裡乾坤寬展。飲酒半酣正好，花開半時偏妍。」

是啊！這種中庸的態度，不管是對於物質生活還是社會生活，不渴求全然無憂無慮，有點挑戰，有點辛苦，然後才獲得逍遙自在，我們的精神才會最快樂，最滿足。

溫柔時光

古人說：「冬者，歲之餘；陰者，月之餘；夜者，日之餘。」這三餘空閒，正是讀書的好時機。

在今日解讀下，冬天的確是一年辛苦之餘反省沉澱的時節；夜晚也是一天忙碌之餘可以輕鬆的時節。

另一餘呢？寫日記、記錄心情、看書、聽音樂，是認真生活之餘，品嘗豐富生命的溫柔時光。就像自然哲學梭羅說的：「感受生活的品質，那是藝術最高的境界。」

沒有失敗的人生

德國諺語說：「生命中的每一件事都是好事，若是還沒遇到好事，表示這件事還沒有結束。」

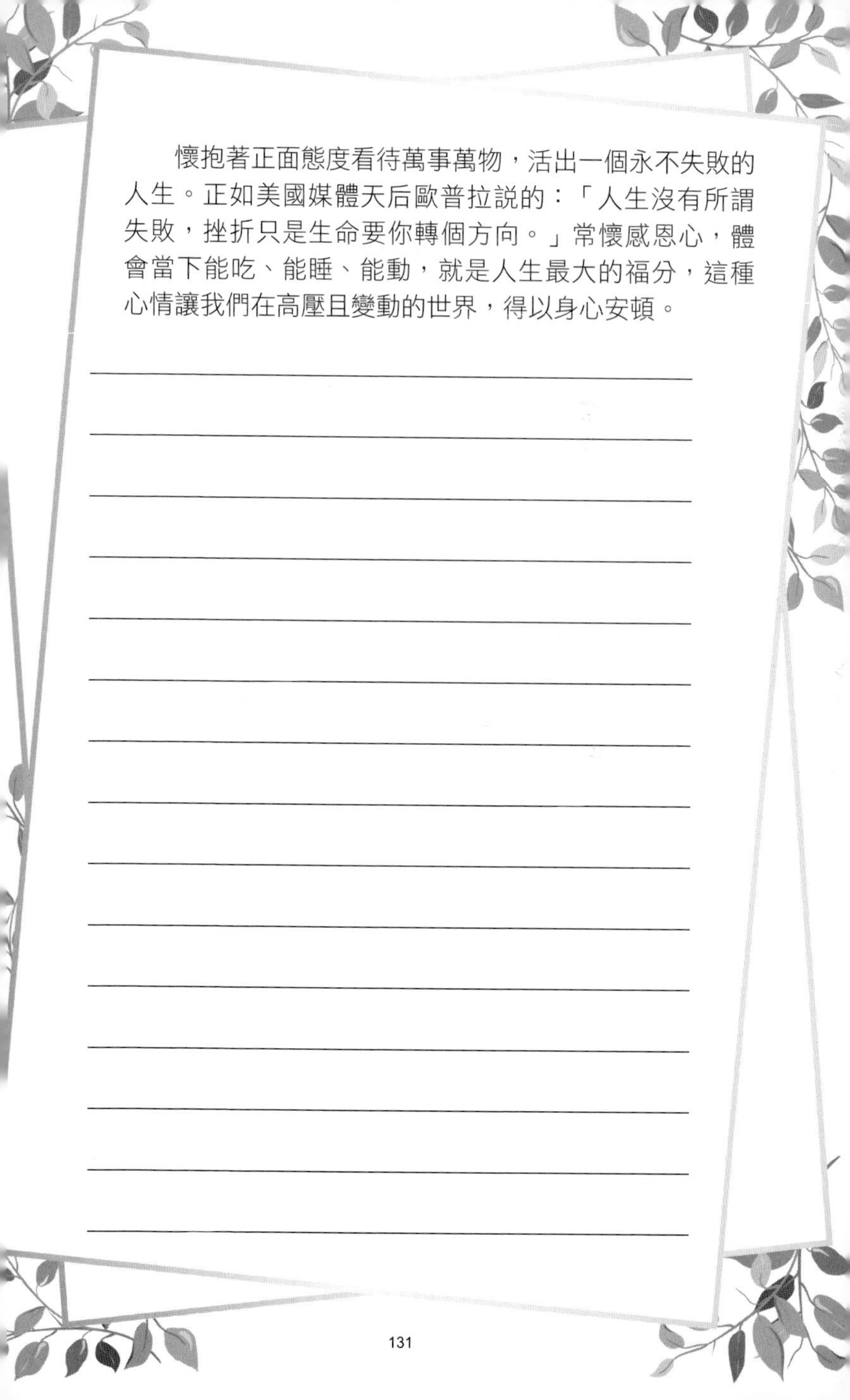

懷抱著正面態度看待萬事萬物，活出一個永不失敗的人生。正如美國媒體天后歐普拉說的：「人生沒有所謂失敗，挫折只是生命要你轉個方向。」常懷感恩心，體會當下能吃、能睡、能動，就是人生最大的福分，這種心情讓我們在高壓且變動的世界，得以身心安頓。

你在哪裡？

美國著名主播賴瑞金說：「我常會自問一個已經問了五十年的老問題：『我在這裡做什麼？』這幾個字一語道破我的一生。」

我們是否時時刻刻確定，我們真正地參與了自己生命的每個現場？

有太多人「生活在他方」，人在這裡，心卻不在這裡。視而不見，聽而不聞，麻木被動，已成為現代人的通病，因此：「你為什麼在這裡？」是我們一生該不斷追問自己的問題。

最好與最壞

大文豪狄更斯在《雙城記》裡的名言：「這是最好的時代，也是最壞的時代；這是和煦的春天，也是酷寒的冬天。」

的確，同樣一件事，只要觀看的角度不同，結果就會完全兩樣。比方說，入監服刑被關的囚犯與宗教大師的閉關，兩者的外在條件一模一樣，但是心情卻有天壤之別，因為大師的心靈是自由的，囚犯的心靈是不自由的。

看的方法

古希臘哲學家亞里斯多德說：「對一切萬物，重要的不是看，而是怎麼看。」

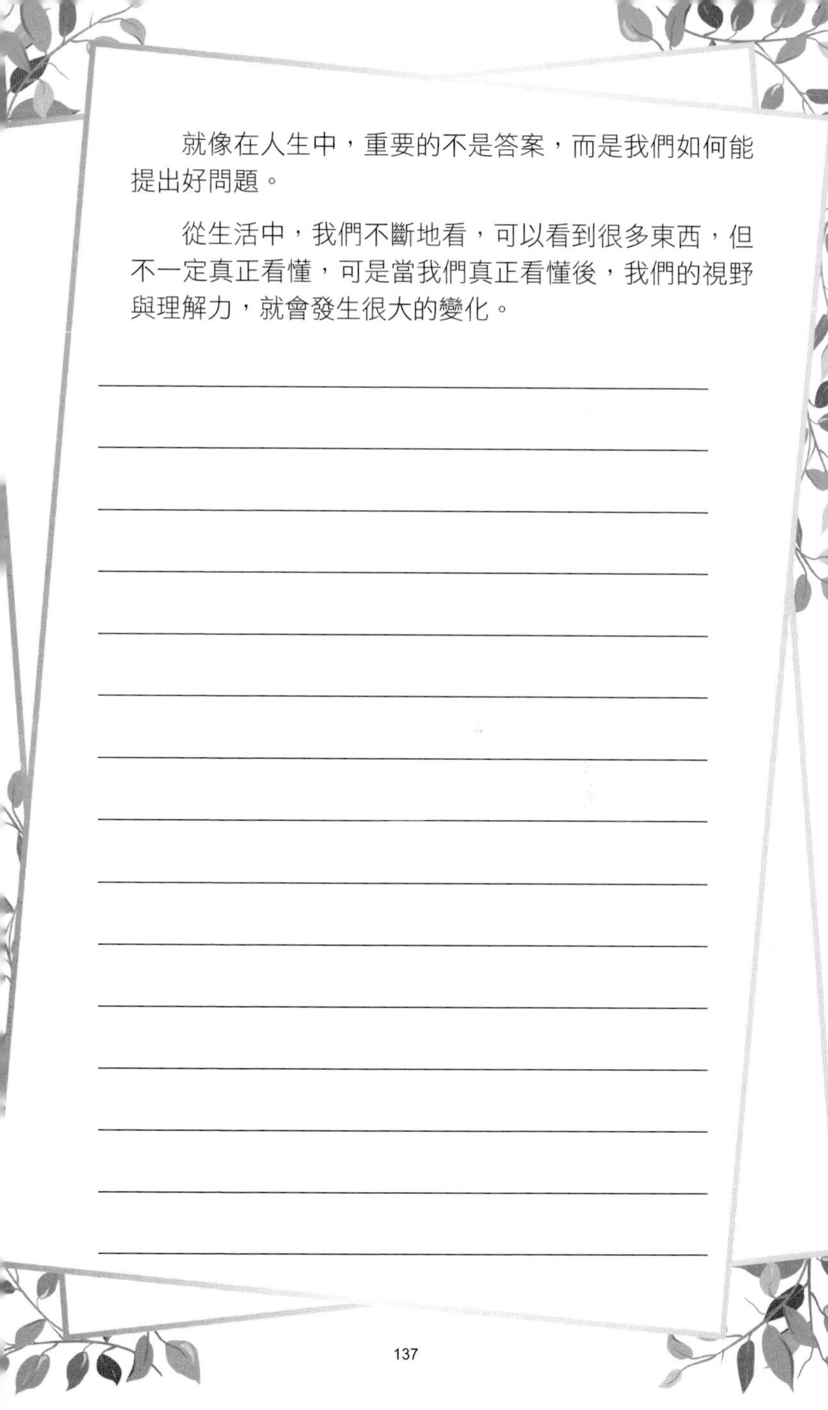

就像在人生中，重要的不是答案，而是我們如何能提出好問題。

從生活中，我們不斷地看，可以看到很多東西，但不一定真正看懂，可是當我們真正看懂後，我們的視野與理解力，就會發生很大的變化。

虔誠終必相遇

哲學家唐君毅說：「在遙遠的地方，一切虔誠終必相遇。」

不管行至遙遠的天涯海角，或者近在住家附近，我們皆必須懷抱虔誠之心，才能遇見來自我們生命中的渴望。

所謂虔誠，就是相信任何與我們相遇的人事物，一定會帶給我們某些訊息，不相信，即便彼此有緣，也將錯身而過。

聆聽回聲

美國作家艾克曼形容：「蝙蝠藉著向世界吶喊，聆聽回聲。」

透過閱讀與書寫，在網路上分享彼此的感動與希望，就像是對著虛空中無聲的吶喊，宛如一隻蝙蝠！這種吶喊，是一種呼喚，我們試圖在廣漠喧囂的世界中尋求同伴，讓彼此覺得不孤單，並相互取暖，得到足夠的動力堅定地往前走去。

用筆寫字

我們藉由書寫來思考，美國著名詩人佛洛斯特說：「我還沒有開始寫之前，我怎麼知道我在想什麼？」

　　的確，寫作是整理思緒最好的方法。

　　我們透過寫信寫文章來邀請朋友，包括我們不認識的人、未來的人，加入我們的感受與體會。只要我們誠懇的書寫，自己的情感與靈魂將融入其中，那些記錄下的剎那就會變成永恆。

一期一會

穆斯林在與人約定日期後，會再加上一句：「一切看阿拉的旨意！」他們認為相信自己一定能如期赴約，是對生命的傲慢，也是對上蒼的傲慢。

的確，我們唯一能掌握的就是當下。日本茶道喜歡用「一期一會」來提醒，在一生中，或許與眼前所見，相遇就這麼一次，所以我們必須好好珍惜，並感恩地接納當前的一切際遇。

一點點希望

有人問：「中年和老年有什麼不同？」

答案是：中年人「以為」還有一點點希望。

是啊！就是這一點點希望，使我們鼓
勇氣，繼續向前。

生命要活得精采，而精彩與做大事、
大錢無關，也跟什麼流芳百世或遺臭萬
無關，它只在於我們能不能把自己的生
發揮的淋漓盡致，不虛此生！

謝天

作家陳之藩說：「人生在世，該感謝的人太多了，就感謝天吧！」

每天平安回家，我們該感謝多少人規規矩矩地開車，感謝與我們共行於路上的所有車輛沒出狀況。

生活中，我們得倚賴無數人的善意，才能過得平安順遂。只要想到這點，我們不禁要感恩、要惜福，更要不斷地付出，因為承受了許多人的善意。

一起共老

作家余秋雨說：「一過中年，人活著很大程度是為朋友們活著了。所謂成功，不是別的，是朋友們首肯的眼神和笑聲。」

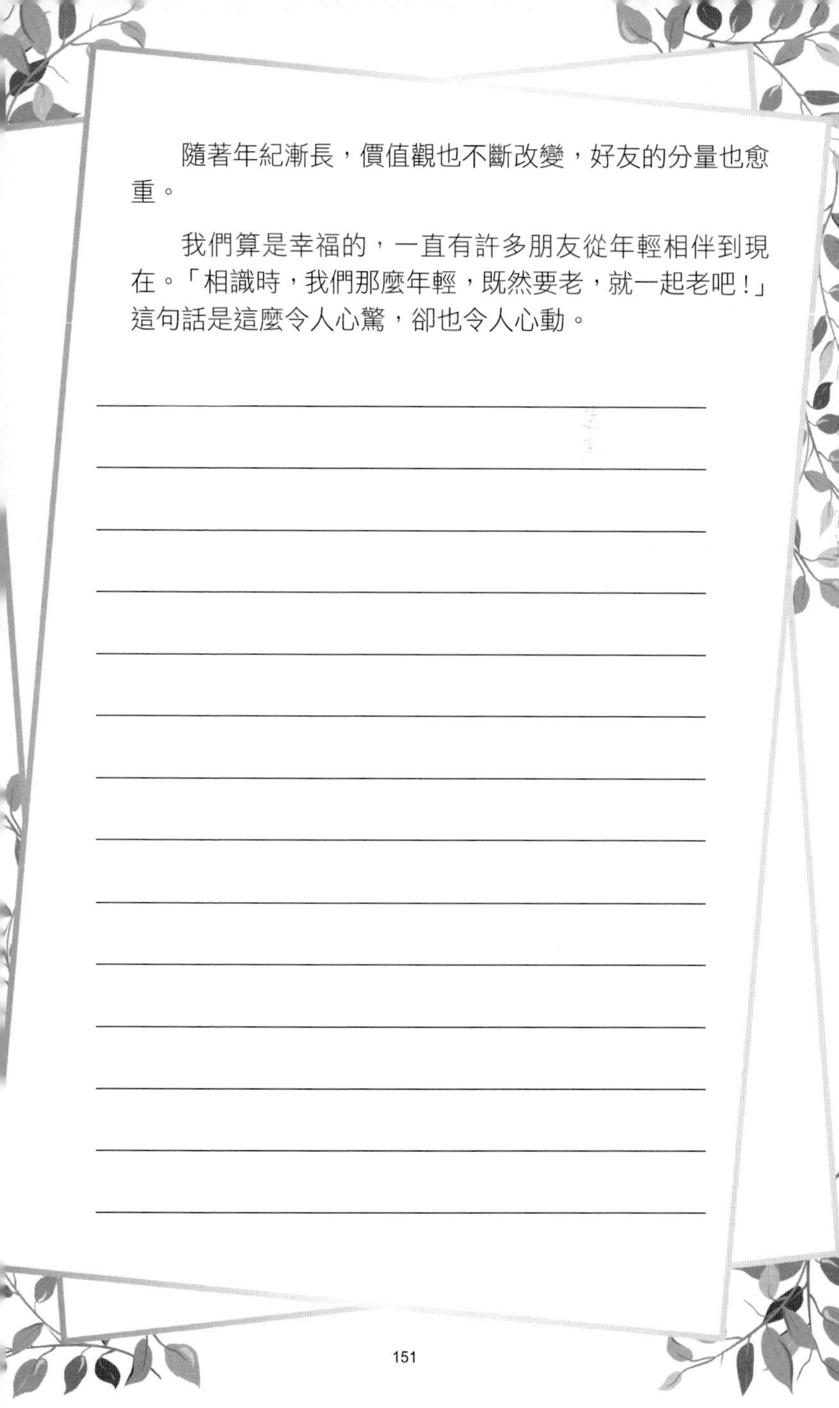

隨著年紀漸長，價值觀也不斷改變，好友的分量也愈重。

我們算是幸福的，一直有許多朋友從年輕相伴到現在。「相識時，我們那麼年輕，既然要老，就一起老吧！」這句話是這麼令人心驚，卻也令人心動。

喧嘩與承擔

莎士比亞在「馬克白」中寫的一句話：「人生如癡人說夢，充滿了喧嘩與騷動，卻沒有任何意義。」

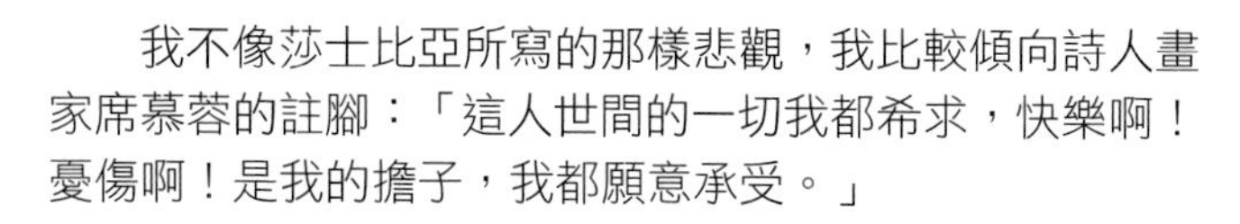

我不像莎士比亞所寫的那樣悲觀，我比較傾向詩人畫家席慕蓉的註腳：「這人世間的一切我都希求，快樂啊！憂傷啊！是我的擔子，我都願意承受。」

承擔是讓生命意義得以彰顯的行動，人生是一場豐富的饗宴，值得我們快快樂樂地大玩一場。

生命的絕壁死谷

作家余秋雨說：「只有在天涯海角，絕壁死谷，生命被迫到最後境界，一切才變得深刻。」

的確，大部分的人在遭遇重大意外，九死一生之後，才會改變人生的價值觀、生命態度與生活習慣；但是為什麼我們不能在身體健康，還能活蹦亂跳時，就讓一切變得深刻呢？為什麼要等到「生命被迫到最後境界」時才願意改變呢？

因夢想而偉大

美國前總統威爾遜有一句數十年來不斷被引用的話：「我們因有夢想而偉大。所有的偉人都是夢想家，他們在春晨的柔霧裡，或是冬夜的爐火邊作夢。」

有夢想的人不會被當下身處的現實環境所侷限，反而能夠不斷激發出自己的熱情與鬥志，不管最終能否達成，我們的生命將因實踐的勇氣而活得精彩。

擁有與限制

印度詩人泰戈爾說：「一個人擁有什麼，他的限制也就在那裡。」

就像我們出國旅行，若身上帶了太多行李，大概也無法盡興地遊玩了。

一個人不斷購物，不斷想擁有更多時，浪費的其實不是金錢，而是時間，包括賺錢、購買及囤積那些物品所耗費的時間。然而時間就是生命，我們用生命換來的那些物品，是我們真正想要的嗎？

心靈之旅

旅行作家羅伯卡普蘭說：「在大眾觀光的年代裡，冒險逐漸變成內在的事情。」

在網路訊息與影片如此詳盡且鉅細靡遺之際，已沒有神秘不知名之處。

旅行對現代人來說，已不再只是增廣見聞或到此一遊的景點蒐集，更像是讀一本書，用外在的風景來呼應自己的心靈，如作家張曉風所說：「山川靜好，歲月無驚，我們仍有長路待行。」

聰明與糊塗

古羅馬哲學家席內卡說：「自從出現了有學問的人，就再也沒有正直的人了！」

我們常在社會上看到精明幹練、錙銖必較的人，但是我們觀察的久一點，人生走到後來，那些太過聰明的人，下場其實都不太好。

台灣俗諺有云「天公疼憨人」，就是對「吃虧的老實人」的一種珍惜與肯定，如鄭板橋所說：「放一著，退一步，當下心安，非圖後來福報。」

觀看世界的方法

攝影大師柯特茲說：「相機是我的工具，經由它，我給予我周遭的所有事物一個理由。」

相片除了是讓記憶得以確認的重要憑藉之外，更是觀看世界的方法。

一張普通相片只是如實介紹這個世界，而好相片是讓人體會這個世界。一張好相片要有明確的個人觀點，而且要有重點，也就要捨得減去一些不必要的東西，就像我們的人生。

不忘初衷

黎巴嫩詩人紀伯倫說：「我們已經走得太遠，以致忘記我們為什麼出發。」

套句簡單的話——不忘初衷，這是每個有志於政治或非營利組織工作的人，應該時時提醒自己的。

向世界宣告自己的夢想

披頭四主唱約翰藍儂說：「一群人一起做夢，夢境就會成真。」

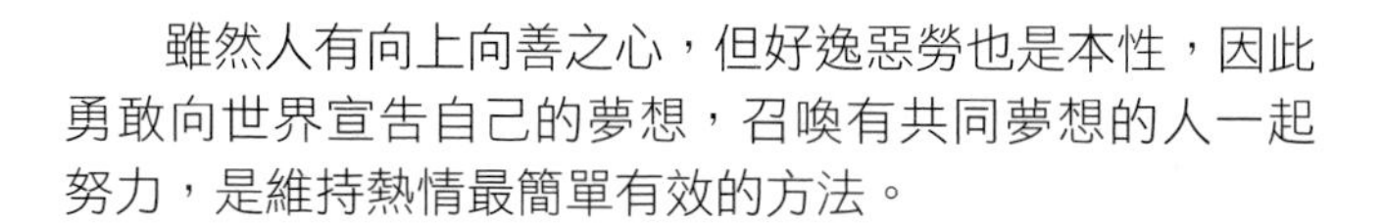

雖然人有向上向善之心，但好逸惡勞也是本性，因此勇敢向世界宣告自己的夢想，召喚有共同夢想的人一起努力，是維持熱情最簡單有效的方法。

就像《牧羊少年奇幻之旅》這本暢銷書裡所說的：「只要你真心渴望一樣東西，就放手去做，因為渴望是源於天地之心，整個宇宙都會聯合起來幫助你完成。」

累積的力量

大學時代，筆記本的扉頁寫了一段話提醒自己：「大多數人高估一年可以做到的，卻低估了十年可以做到的。」

我們容易在被激勵後立大志，訂下許多計畫，但總是因做不到而放棄。

在灰心之餘，就捨棄了最初的心願，以至於我們忘記了只要持續做下去，每天做一點，堅持不放棄，累積五年、十年，成果一定會讓我們驚訝。只要值得我們現在做的事，就值得我們持續做下去。

善待別人

美國作家魏勒說：「對不需要親自去做的人來說，沒有什麼是做不到的。」

批評別人很容易，但是真正想做成一件事情是很困難的，因為一絲一毫的投入都會牽動許多事物，看似輕易的一點進展，也得克服許多阻礙與面對許多牽連。

所以，我們要善待別人，因為總有一天，我們也需要別人的善待。

勇於犯錯

電影《捍衛戰士》中有句對白：「要成為頂尖中的頂尖，就表示你將在不斷犯錯中前進！」

其實在這個變動的世界裡，根本沒有永遠不變的標準答案，我們要有願意犯錯的勇氣，從失敗中學習，而不是希望自己永不犯錯；甚至我們應該以歡喜、好奇的心情，接受錯誤，並且從中獲得深刻的體悟。

創作讓自己年輕

美國作家卡薩維蒂說：「一個人無論變成幾歲，如果能一直保有創作，這個人身上猶如孩童般的部分，就始終存在。」

孩童總是全神貫注地玩耍，沒有煩惱，沒有負擔，活在當下。

不管是寫文章、做木工、種菜、學拼布、烹飪……只要是因為自己親自動手做才出現在這世界上的東西，就是創作。

當我們獨力創造出一樣東西，從而感覺到自己的存在和與這個世界明確的關係，就會讓我們擁有小小的幸福感覺。

痴狂之必要

菜根譚有句格言：「君子閒時要有吃緊的心思，忙處要有悠閒的趣味。」

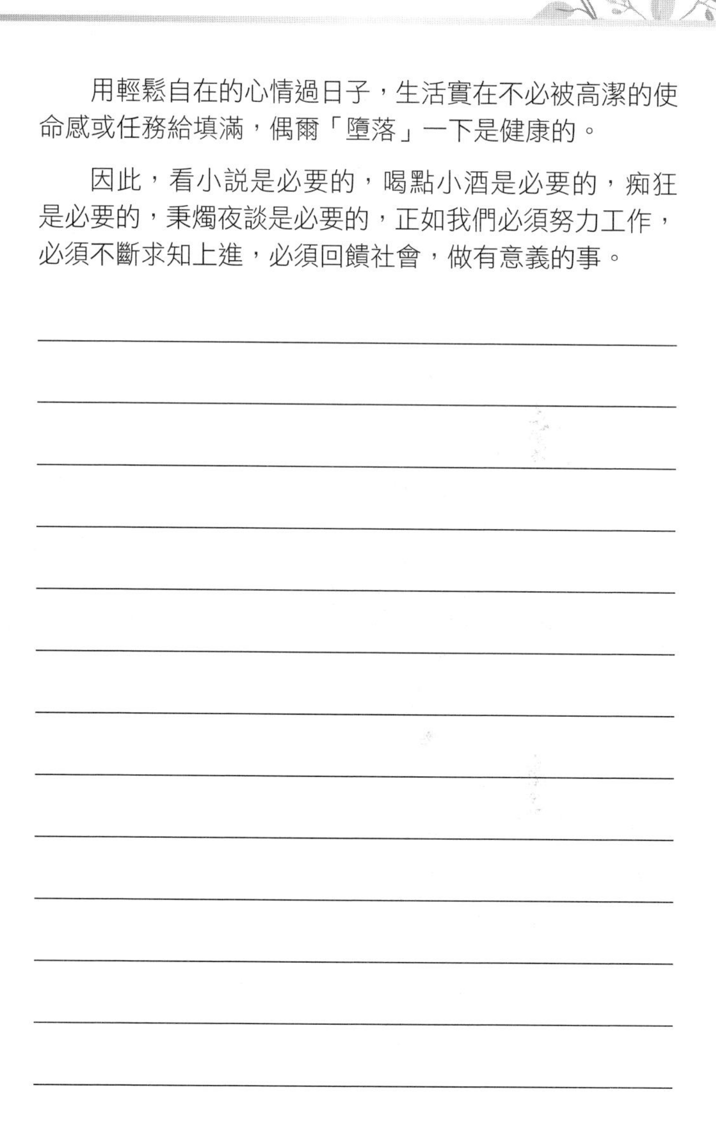

用輕鬆自在的心情過日子，生活實在不必被高潔的使命感或任務給填滿，偶爾「墮落」一下是健康的。

因此，看小說是必要的，喝點小酒是必要的，痴狂是必要的，秉燭夜談是必要的，正如我們必須努力工作，必須不斷求知上進，必須回饋社會，做有意義的事。

完美的人生劇本

哲學家叔本華寫過一段非常重要的話：「當你回顧一生時，它看似規劃好的劇情，當你身歷其境時，卻是一團糟，只是一個接一個而來的意外；但事後你再回顧時，卻是完美的。」

感覺當下生活很混亂，是人生的真貌，但是只要真誠面對每個選擇時，秉持自己的初衷，走在自己的道路上，事情最終便會如我們所願，當我們回顧時，會發現每件發生的事，都是令人驚訝且適時的。

等待時機

忘了哪一位企管大師說過：「時機永遠不會成熟，當你覺得時機成熟時，其實機會已經過去了！」

是的，人生沒辦法像作菜般，把材料都準備齊全後才下鍋。這個世界變化太快了，沒有人能夠等到最佳的時機才著手，這也是現在商品採用 1.0、1.1、1.2 不斷的修正版本來面對這個新時代的原因。

自由與奴隸

美國科幻小說家雷布萊德柏利講過一句很奇怪的話：「你必須學習接受別人的排斥，同時學習如何排斥別人的接納。」

相對於無可奈何下承受別人的排斥，要主動排斥別人的接納是非常不容易的，何況受人喜愛、贏得掌聲不是大多數人所追求的嗎？但是有勇氣拒絕迎合別人，才能保有獨立自主的自由與活出真我。

分享美好的事物

《少年小樹之歌》這本書中有句話:「當你遇見美好的事物時，所要做的第一件事，就是把它分享給你四周的人，這樣，美好的事物才能在這個世界上自由自在地散播開來。」

這種分享就像隨機而不求回報的善行一樣，會帶給我們豐富而有活力的人生。

忘不了的人與事

國學大師錢穆說：「忘不了的人與事，才是真生命。」

很多時候，當年以為重要的不得了的生命里程碑，現在回顧卻雲淡風輕，了無痕跡；反而是一些似乎不經意的吉光片羽，卻鮮明的宛如昨天才發生。

生命裡最珍貴的不是財富與名位，而是經驗的豐富與感受的深度，也就是那些忘不了的事物。

活得好 057

一切都會好起來！
讓人豁然開朗的91個方法

挫折迷惘沒什麼大不了，91篇短短提醒，給你繼續走下去的力量。

作　　者　李偉文
顧　　問　曾文旭
編輯統籌　陳逸祺
編輯總監　耿文國
主　　編　陳蕙芳
執行編輯　蘇麗娟
封面設計　吳若瑄
內文排版　吳若瑄
圖片攝影　李偉文&李欣澄（A寶）、李欣恬（B寶）
法律顧問　北辰著作權事務所

初　　版　2019年02月
出　　版　凱信企業集團-凱信企業管理顧問有限公司
電　　話　（02）2752-5618
傳　　真　（02）2752-5619
地　　址　106 台北市大安區忠孝東路四段250號11樓之1

定　　價　新台幣260元 / 港幣87元
產品內容　1書

總 經 銷　商流文化事業有限公司
地　　址　235 新北市中和區中正路752號8樓
電　　話　（02）2228-8841
傳　　真　（02）2228-6939

港澳地區總經銷　和平圖書有限公司
地　　址　香港柴灣嘉業街12號百樂門大廈17樓
電　　話　（852）2804-6687
傳　　真　（852）2804-6409

國家圖書館出版品預行編目資料

一切都會好起來：讓人豁然開朗的 91 個方法 / 李偉文著 . -- 初版 . -- 臺北市：凱信企管顧問，2019.02
面；　公分
ISBN 978-986-96930-9-7（平裝）

1. 格言
192.8　　107022112

本書如有缺頁、破損或倒裝，
請寄回凱信企管更換。
106 台北市大安區忠孝東路四段250號11樓之1
編輯部收

凱信企管

用對的方法充實自己，
讓人生變得更美好！